Brigit und David
im neuen Haus!
1. September 1984
Margrit und Jack

Lebensraum

W. M. Anderwerd 15 illustrierte Thesen zum humanen Stadtbau Waser Verlag Buchs-Zürich

STADT

15 THESEN

THESE 1	Die Stadtbereiche der neuen Stadt sind – ihren Funktionen gemäss – voneinander getrennt
THESE 2	Die innere Ordnung des Stadtplanes ist auch äusserlich von überall erkenntlich
THESE 3	Die neue Stadt hat einen multifunktionalen Schwerpunkt
THESE 4	In der neuen Stadt gibt es urbane Höhe-Punkte
THESE 5	Ein weites Spektrum humaner Wohnbau-Formen steht zur Wahl
THESE 6	In der neuen Stadt gibt es Teile verschiedener Bau-Erhaltensdauer
THESE 7	Die neue Stadt ist optimal durchgrünt
THESE 8	Die neue Stadt ist ruhig
THESE 9	Öffentliches und Stadtdesign bilden eine stilistische Einheit
THESE 10	Die neue Stadt ist eine Fussgängerstadt
THESE 11	Wasser ist ein integrierendes Element des humanen Stadtbaues
THESE 12	In der neuen Stadt ist der Verkehrsplan dem Stadtplan untergeordnet
THESE 13	Neue Technologie wird zweckmässig angewendet
THESE 14	Alternative Energien werden sinnvoll eingesetzt und Bauformen entsprechend gestaltet
THESE 15	Industrien und Werk-Stätten liegen organisch in der Stadtlandschaft

Nachdenken über die neue Stadt, über ihr Wesen und über ihre Gestalt, ist heute unumgänglich geworden. Der Stadtbau ist wie nie zuvor in der Geschichte auf einem ästhetischen und ökologischen Tief angelangt.

Wir leben in der hässlichsten Welt, die es je gab. Die Beweise stehen, meist in Beton, überall: im Stadtkern, im Vorort, an Land und Wasser.

Planen ist, mehr noch als das Bauen selbst, ein höchst zeitraubender Prozess. Dem Planer fehlt heute die Zeit zum Planen. Das gilt sowohl für die Raumplanung als auch für die Planung im Kleinen und im Kleinsten. Wir haben wohl Raumplanungsgesetze, aber wo sind die Raumpläne? Jene Pläne nämlich, die in der dritten Dimension zeigen würden, wie in den urbanen und ländlichen Räumen tatsächlich gebaut werden soll. Da helfen blosse Zonenpläne nicht weiter.

40 000 bis 50 000 Wohnungen im Jahr allein in der Schweiz, das ist eine Produktion, die kaum für planerische, geschweige denn schöpferische, in die Zukunft weisende Gedanken Zeit lässt.

Am Beginn jeder sinnvollen Raumplanung müssten Visionen stehen, städtebauliche Schöpfungen, Einfälle zu neuen Strukturen, die den Charakter von Utopien haben dürfen. Erst in einer zweiten Phase müssten diese Pläne in einen Raster von Gesetzen und (Bau-)Ordnungen integriert werden. Der umgekehrte Weg, das haben wir hinlänglich gemerkt, erweist sich als Irrweg.

Es werden verschiedene Faktoren (Geburtenrückgang, Kreditabbau, Rohstoffmangel usw.) zu einem Baustopp führen, ohne dass dieser wird verordnet werden müssen.

Dieser unwillkürliche Bremsvorgang ermöglicht aber gerade jene Denkpause, die wir so dringend nötig haben. In einer spekulationslosen Zwischenzeit könnte man sich Gedanken machen, wie die neue Stadt aussehen soll.

Was haben eigentlich die Vaterfiguren der modernen Architektur im Sektor Städtebau anzubieten? Le Corbusier, Mies van der Rohe, Frank Lloyd Wright und ihre Nachläufer der zweiten Garnitur?

Le Corbusier hat die einmalige Chance gehabt, eine Stadt sozusagen auf jungfräulichem Land zu bauen: Chandigarh, Hauptstadt des indischen Staates Punjab. Hat er die Chance tatsächlich wahrgenommen? Natürlich ist Le Corbusier ein guter Architekt, und natürlich ist Chandigarh, architektonisch gesehen, eine gute Stadt, aber: ist Chandigarh auch eine menschenwürdige Stadt geworden, in der man gerne lebt?

Eine Stadt ist noch nicht «gut», wenn sie sich im Architektur-Almanach gut ausnimmt; sie muss sich im täglichen Gebrauch bewähren. Ich habe nie in Chandigarh gelebt, jedoch angesichts der greifbaren Photodokumentation fragt man sich: Wo sind eigentlich die Treffpunkte, die Kontaktzonen, die Gassen vielleicht gar, die Basare und die Kneipen, all das, was einer Stadt Leben einhaucht, was die alten Städte, von Pompeji bis Heidelberg, besassen oder noch besitzen?

Imponierende Monumentalarchitektur (in Beton!) allein kann dem Bedürfnis nach schützenden Wegen und Räumen nicht entsprechen. Der Mensch scheint in seinen Städten beides zu wollen und zu brauchen: die Mikrostruktur und die Makrostruktur. Chandigarh jedenfalls ist kaum zu einem Wegweiser in einen humanen Städtebau der Zukunft geworden.

Ein Erddurchmesser von Chandigarh entfernt steht Brasilia, auch eine Hauptstadt, von Oscar Niemeyer nach einer Idee von Lucio Costa erbaut. Lucio Costa, ein Grandseigneur der Baukunst, entwarf einen Stadtplan aussergewöhnlicher Art und Dimension: ein riesiges Kreuz nimmt in seinen beiden Armen die Wohnquartiere auf, während, dorsal sozusagen, die Regierungs- und Verwaltungsviertel liegen. Ein künstlicher See touchiert das Ganze an strategischen Orten.

Doch auch zu Brasilia stellt sich die Frage: Hat Lucio Costa eine menschliche Stadt erfunden? Ungnädige Zungen behaupten, dass eigentliches urbanes Leben und Treiben nur in den Vorstädten stattfinde, dort, wo einst die Bauarbeiter wohnten: in den Barackenstädten aus Blech und Brettern. Das wäre keine gute Zensur für Brasilia.

Und Europa? In Europa nichts Neues, wenn man von einigen schüchternen Versuchen im Einzugsbereich der Grossstädte absieht. Das Märkische Viertel in Berlin beispielsweise darf kaum als gelungen bezeichnet werden. Es ist bereits in die Fachliteratur als abschreckendes Muster eingegangen. Auch München ist nicht glücklich über seine neuen Siedlungen. In einem Neubaukomplex in Schwabing zählte man schon im ersten Monat fünf Selbstmordversuche; zwei davon sind gelungen.

Ein bemerkenswerter positiver Ansatz führt zurück nach Indien, wo sich am Bengalischen Golf auf 20 Quadratkilometer Fläche die «Stadt der Wahrheit» ausbreitet: Auroville, benannt nach dem indischen Philosophen Aurobindo. Die Stadtform bildet eine Spirale, aus deren Mittelpunkt speichenartig Arme ausstrahlen. Eine einprägsame Symbolfigur, die sichtbar den Willen der Stadtgründer ausdrückt: «Ganz neu zu beginnen, richtig zu denken, richtig zu handeln, richtig zu lieben, richtig zu leben, in einem neuen Bewusstsein.» Auroville scheint zu blühen.

War nicht schon der Turm zu Babel eine Utopie? Leonardo da Vinci hegte Pläne für eine Stadt mit getrenntem Verkehr für Menschen und Güter. Später, im Zusammenhang mit der Französischen Revolution, wuchs eine ganze Generation von Bauphantasten heran. Sie produzierten eine streng geometrische Architektur von hohem künstlerischem Rang. Nach der Oktoberrevolution von 1917 traten die russischen Utopisten mit Kolossalbauten auf den Plan. Gebaut wurde davon wenig oder meistens gar nichts. Heute werden die Neuerer ernster genommen. Man weiss: die Utopisten werden die Realisten von morgen sein.

Einer der interessantesten Stadtbau-Utopisten stammt – man hielte es kaum für möglich – aus der Schweiz. Walter Jonas, vormals Kunstmaler, erdachte die Trichterstadt. Riesentrichter (200 bis 250 m Durchmesser), einzeln oder in Gruppen errichtet, bilden Wohneinheiten, die in ihrer Gesamtheit zu einem Stadtorganismus gefügt werden können: eine Grundlage zu Stadtsystemen, die eine fundamentale Forderung des neuen Stadtbaues erfüllt: die optimale Erhaltung der natürlichen Landschaft.

Die Städteplaner planten an den Wünschen der Bürger vorbei. Der Dialog zwischen Produzent und Abnehmer fehlt. Man hat sich mit dem zufriedengegeben, was angeboten wird. Und das ist in den allermeisten Fällen Schablonenarchitektur im internationalen Modestil. Wahrscheinlich liegt hier der tiefere Grund für die aktuelle Nostalgiewelle. Alte Bauernhäuser sind praktisch ausverkauft, man reisst sich um Schnickschnack im Jugendstil.

Schuhkönig Bata hat in den dreissiger Jahren Zlin (Tschechoslowakei) erbauen lassen: eine Stadt aus der Retorte. Alles kubisch klar und rein, und Batas Büro, auch ein Kubus, liess sich liftähnlich im Verwaltungstrakt auf und ab bewegen. Macht das glücklich oder nur mächtig?

An der oberen Grössengrenze bewegt sich der Japaner Kenzo Tange, der im Golf von Tokio eine Riesenwasserstadt für zehn Millionen Einwohner plante. Am andern Ende stand Mao, der grosse Städte für ein Urübel kapitalistischer Fehlleistungen hielt und eine rurale Ideallandschaft propagierte.

Es ist in China offenbar gelungen, das chaotische Auswuchern der Grossstädte in die Landschaft zu bändigen. Die Flucht der Chinesen in die Stadt findet nicht mehr statt, denn die neuen regionalen Siedlungen bieten ausser den Wohn- auch die notwendigen Arbeitsmöglichkeiten.

Ein erstes Etappenziel sinnvoller Raumplanung wäre das richtige Abwägen von Wohn- und Arbeitsbereichen. Es zieht den Menschen immer dorthin, wo er hinreichendes Auskommen findet (Gastarbeiter!). Die neue Stadt braucht keineswegs monumentale Dimensionen zu haben, sie kann durchaus dörfliche Gestalt zeigen, vorausgesetzt, dass sich in geeigneter Nähe der Wohnbereiche die notwendigen Dienstleistungsbetriebe und ein kulturelles Zentrum befinden. Ich wage die Prognose: die neue Stadt wird keine Millionenstadt sein, diese entspricht nicht dem menschlichen Mass.

Auch die neue Stadt benötigt Kerne, wo sich etwas ereignet, wo man sich trifft, Wegziele, die man mit innerer Spannung anvisiert. Bei den Griechen war es die Agora, bei den Römern das Forum, in unseren Landen der Marktplatz oder der Platz vor der Kirche, vor dem Rathaus, oder die Anlage vor einem Denkmal. Das Bedürfnis nach urbanen Kristallisationskernen war schon immer da, das wird auch in Zukunft so bleiben.

Einen untauglichen, kommerzialisierten und deshalb vorbelasteten Ersatz für städtische Fixpunkte bilden die in Mode geratenen Einkaufszentren. Dass solche Surrogate nicht zum gewünschten Ziel führen, ist inzwischen jedermann klargeworden.

Es gibt im Stadtbau Dinge, die nicht rentieren, die aber vielleicht notwendiger sind als das Rentable. Alle kulturellen Einrichtungen, die Museen also, die Theater, Bibliotheken gehören dazu. Diese Bauten sollten in einer neuen Stadt zweckvoll gruppiert und zu einem kulturellen Bereich gefasst werden. Dort könnten auch Plastiken als Merkmale stehen, Vorbild: die «strahlende Struktur» des Schweizer Pavillons an der Weltausstellung in Osaka. Solche Elemente geben einer Stadt Halt und verleihen ihr Unverwechselbarkeit: etwas Entscheidendes im Städtebau.

Die neue Stadt wird auch andere Strassen brauchen. Eine Entmischung der Funktionen ist hier kaum zu umgehen: der Fussgänger wird ihm gemässe Zonen bevölkern, verkehrsfreie Flächen und Promenaden werden die heutigen Strassen und Trottoirs ablösen. Die alte und bewährte gedeckte Galerie wird ihre Auferstehung erleben. Walter Jonas möchte sogar seine Wohntrichter in luftigen Höhen durch Fussgängerbrücken untereinander verbinden.

Das Auto wird im innerstädtischen Bereich nicht mehr sichtbar sein, es wird in exzentrisch gelegenen Parkhäusern untergebracht oder in Tunnelstrassen zu zentralen Sammelgaragen geführt werden.

In der neuen Stadt wird man auch andere Verkehrsmittel benötigen. Ein neues Verkehrsmittel muss im doppelten Sinn des Wortes einladend sein. Der Autobenützer soll ja von seinem eigenen bequemen, relativ schnellen und vor allem sein Selbstbewusstsein untermauernden Transportmittel abgeworben werden.

Dieses Verkehrssystem, im vorliegenden Fall die Compactbahn, ist eine Bedarfsbahn, d. h. die Kabinen sind zur Verfügung, wann und wo sie gebraucht werden. Die Compactbahn wird unauffällig in Hoch- oder Tieflage das ganze Stadtgebiet optimal verkehrsmässig erschliessen; an geeigneten Stellen wird sie den Anschluss an interurbane Verkehrsmittel herstellen.

In diesem Buch findet ein Versuch statt: am Beispiel von 15 illustrierten Thesen zu zeigen, wie eine menschengerechte Stadt aussehen könnte, wie vielleicht die neuen Wohnformen gestaltet sein könnten, wie die neue Stadt in die Landschaft gebettet sein könnte, kurz, wie die Bedürfnisse und Wünsche des Stadtbewohners auf einen gemeinsamen Nenner zu bringen wären. Denn, wie gesagt, Nachdenken über die neue Stadt ist unumgänglich geworden; andernfalls werden wir das Nachsehen haben.

THESE 1

Die Stadtbereiche der neuen Stadt sind – ihren Funktionen gemäss – voneinander getrennt

Der Fehlgedanke, divergierende städtische Aktivitäten wirr und wahllos miteinander zu vermengen – Wohnen mit Arbeiten, Einkaufen mit Erholen usw. –, ist ohne Zweifel eine mitentscheidende Ursache der Stadtmisere. Selbst die grosse Hoffnung, das Einrichten von innerstädtischen Fussgängerzonen, hat sich als Illusion erwiesen, sie führt tagsüber eine Scheinexistenz, aber am Abend, nach dem Abzug der Massen, liegt sie brach.

Der inhumane Büroblock in seiner Unzahl und Hässlichkeit hat die Innenstadt verfremdet, die ehemaligen (reinen) Wohngegenden wurden zu städtebaulichen Zwittern ohne Attraktivität und Leben. Doch die Trennung der Funktionen ist nicht als strenger urbanistischer Paragraph zu sehen, es sind sehr wohl Überschneidungen und Ausnahmen denkbar: In der neuen Altstadt (siehe These 3) liegen Arbeitsräume (Ateliers, Gewerbe) neben Verkaufsräumen (Läden), im zentralen Forum stehen verschiedenste Aktivitäten in direkter Nachbarschaft zu einander.

Im städtebaulichen Mikrobereich kann also das Ineinandergreifen der Ziele und Bestimmungen durchaus Sinn und Logik haben, im Makrobereich der neuen Stadt muss der Entwurf des Stadt-Bildes sichtbar werden und bleiben. Wesentliche Voraussetzung für das Gelingen des funktionsgetrennten geordneten Stadtbaues ist ein optimal funktionierendes Verkehrskonzept (siehe These 10), eine Anlage, die müheloses Erreichen der einzelnen Stadtbereiche erlaubt.

Das Stadtbild der neuen Stadt ist eine geordnete Verflechtung: horizontal im Schema liegt der Arbeits- und Produktivitätsgürtel, umschlungen von der Wohnspirale, die sich zur Stadtmitte hin öffnet und die Erholungs- und Freizeitzone tangential berührt.

Stadt-Konzeption:
die Wohnspirale umgreift den breiten Arbeitsstrang, im Spiralkopf liegt das Zentrum, in der rechten oberen Bildecke tangiert die Spirale das Freizeitgebiet

THESE 2

Die innere Ordnung des Stadt-Planes ist auch äusserlich von überall erkenntlich

Die neue Stadt muss man über-blicken können, ohne Über-Sicht ist Orientierung nicht möglich, Desorientierung verwirrt, reizt, ist widersprechend, bewirkt Unwirtlichkeit, verhindert Geborgenheit. Wir brauchen in der Stadt eine geordnete Abwechslung; die totale, starre, die absolute Ordnung ist ebenso unerwünscht wie die grenzenlose Un-Ordnung.

Die Stadt braucht eine Grund-Ordnung, die einen Leitgedanken sichtbar und erlebbar macht, urbane Koordinatenstellen haben die Funktion von Blick-Fängen und Merk-Malen im engeren Sinn. Es braucht die Spannung in der Vertikalen wie in der Horizontalen, die grossen Freiflächen, aber auch die Dichte der Volumen, das Gedrungene ebenso wie das Auseinanderstrebende. Denn wo das Einfache fehlt, kommt das Vielfältige nicht zum Gelten. Die Masse des Einfachen ist öd, die Masse des Vielfachen erdrückt. Eine humane Stadt braucht das ausgewogene Gegenspiel von beidem. Ihr Plan ist wie gesagt die Visualisierung einer Idee. Das kann, wie in vorliegendem Fall, eine weiträumige Spirale sein, an deren äusserem Ende das Stadtforum liegt; im Spiralkern und der Windung entlang sind die Wohn-Räume angeordnet. Ein Flusslauf durchdringt die Rundung. Dort sind im Prinzip die Arbeitsstätten plaziert. Das ist ein übersehbares Stadtbild und es zeugt von planerischer Logik: die Vorzugslagen für den Wohnbedarf, die Normallagen für den Arbeits- und Produktionsbetrieb.

Für die Bewältigung der direkten (persönlichen!) Kommunikation sorgt ein weitgehend unterirdisches Personen-Transportsystem, auch hier ersichtlich: die klare Form des gewählten Konzepts, die Spirale. Ebenerdige Fussgänger- und Radfahrwege verbinden alle Wohn-, Begegnungs- und Arbeitsorte untereinander und lassen von jedem Standort aus das Stadtbild deutlich überschauen.

Überblick auf eine mögliche humane Stadt

T H E S E 3

Die neue Stadt hat einen multifunktionalen Schwerpunkt

Das Lebe-Wesen Stadt braucht einen Kopf, ein Zentrum, einen Treff- und Sammelpunkt, einen Kristallisationskern, wo sich das Stadt-Leben verdichtet, wo etwas statt-findet. Dieses Er-leben kann ein optisch-räumliches sein: Architektur als Raum-Empfindung; eine Platz-Gestalt, eine Bau-Form, die gefangennimmt. Das war früher die Agora (griechisch) oder das Forum (lateinisch), heute haben wir nicht einmal mehr einen Namen für diesen öffentlichen Stadtraum.

Der Mensch will er-leben, er ist neu-gierig, er will den Wechsel, die Ab-wechslung. Dieser Wechsel kann und soll auch auf die Architektur übergreifen, der neue Stadtmensch soll sogar überrascht werden. Es wäre an mobile Architektur für den zentralen Stadtbereich zu denken, an flexible Überdeckungen (siehe These 13) für offene Räume beispielsweise. Das neue Zentrum könnte kulissenartig mit Bau-Elementen variabel bestückt werden.

Heute ist das Warenhaus zum Markt-Ersatz geworden, Bahnhöfe und Flughäfen ersetzen die mittelalterlichen Plätze, das Fern-sehen hat das Nah-sehen ersetzt, der elektronische Kontakt löst den persönlichen ab.

Der Stadt-Kern unseres Stadtmusters besteht, von links nach rechts besehen, aus dem Tal besehen, aus einem Stationstrakt, einem Spiralbau auf einer begrünten Plattform, einem kompakten Gebäudegeviert und einer offenen Piazza.

Die Station erschliesst dem Besucher das Zentrum sowohl ober- wie unterirdisch. Sie bedient direkt das Kernstück der Stadtanlage: die grosse Spirale. Diese Form ruht auf ihrer unteren Kante, sie scheint zu schweben, hat etwas Imaginäres, schwer Definierbares; das aber ist ihre Bestimmung, ein Bau für Alles und Nichts, ein Bau, ohne konkrete Absicht und doch allerlei Zwecken dienlich.

Stadtbau muss nicht um jeden Preis funktionell sein, rentieren, die Stadt aus lauter Sachzwängen ist keine humane Stadt. Die Spirale ist, ganz zweifellos, ein Luxusstück, Stadtschmuck, von aussen her besehbar, von innen her begehbar, sie bildet gleichermassen Aussenraum wie Innenraum. Der ins Unendliche weisende Spiralarm kann Gärten umgreifen, er formt Bewegungsraum, Wandel- und Erholungsraum: die Spirale als gekrümmte Schutzwand gegen Umweltstress. Das Innere, der Spiralbauch sozusagen, bietet mehr noch: die volle Ruhe in geometrisch reiner Form. Dort kann als (gelegentliche) Aktion Kunst präsentiert werden, musiziert, vorgelesen, gesungen oder schlicht geschwiegen werden.

Der Komplex rechts der Spirale ist eine Art neuer Alt-Stadt, wo, wie damals, die humane Enge wichtiges Merkmal ist; Gassen wie hohe Häuserschlitze formen ein überblickbares Labyrinth, das sich gelegentlich verdichtet und dann plötzlich zu kleinen Plätzen hin öffnet. Die Hausteile überlappen in der Höhe, wodurch gedeckte Gassenräume entstehen: Ladengassen als Flanier- und Einkaufsrevier. In den oberen Stockwerken ist Platz für Atelier- und Büroräume, an markanter Stelle könnte sich die Verwaltung ansiedeln.

Den rechten Flügel des Stadt-Zentrums bildet eine quadratische Stufen-Piazza; jeder Viertel überragt den vorangehenden um eine Doppelstufe: ein offenes Gegenspiel zur geschlossenen Spiralskulptur auf der anderen Seite. Auf der vierten, letzten Ebene steht ein grosser Puffer, ein Tages-Bildschirm, wo Filme laufen können oder Nachrichten aufleuchten und so weiter. Unter der Bild-Fläche, überdacht, ist Raum für eine schmale Theaterbühne, die schräge Rampe dient als Sitzfläche. Die vierflächige Piazza steht wie ein Riesentisch über einem allseitig offenen Marktplatz, einem Kleinhandelsplatz mit permanenten Marktständen.

Situationsplan des Zentrums. Links das Stationsgebäude, daneben die öffentliche Spirale, in der Mitte die «neue Altstadt», wo sich das Stadtleben verdichtet, rechts die Piazza über dem permanenten Markt

Frontansicht des Zentrums.
Von links nach rechts: Station,
Spirale, «neue Altstadt»,
Stufen-Piazza

Stadtzentrum im Schnitt.
Von links nach rechts: Station,
Spirale, «neue Altstadt», Piazza
über dem Markt

Blick in den äusseren Spiralraum

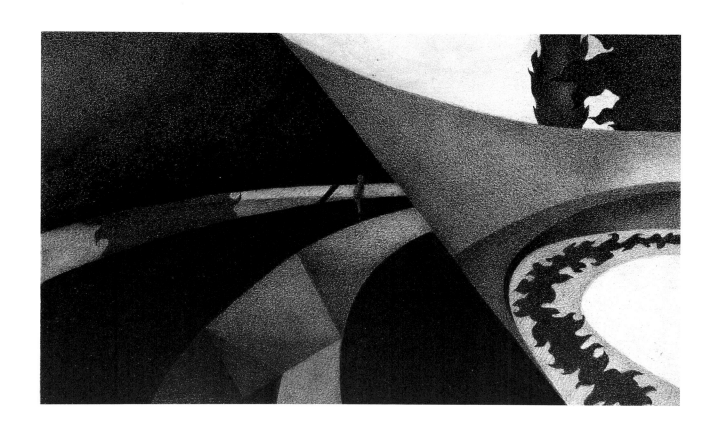

Blick in den inneren Spiralraum

Gasse in der «neuen Altstadt», wo eine Verdichtung diverser Aktivitäten stattfindet

Offener permanenter Markt, überdeckt durch die Stufen-Piazza

Sicht auf die Stufen-Piazza über dem offenen Markt

THESE 4

In der neuen Stadt gibt es urbane Höhe-Punkte

Das absolut Nichts-Sagende, eine Bau-Welt in totaler Form- und Gestaltlosigkeit, die Null-Architektur, den gänzlichen Verzicht auf das vielleicht sogar Grossartige, das will der Mensch nicht. Denn das Nur-Funktionale, das Nur-Zweckentsprechende birgt keine emotionalen Kräfte und Ströme. Dies steht heute fest: Der Architektur-Purismus hat sich (abgesehen von raren Höchstleistungen weniger Altmeister des Funktionalismus) als nicht menschengerecht, als natur- und umweltfeindlich erwiesen. Wir werden dazu verurteilt, in Städten zu leben, die entstellt sind durch Produkte unbegabter Epigonen der vor allen Dingen sich selbst beweihräuchernden Kubatur-Fanatiker.

Der geplagte Betonmensch sehnt sich nach scheinbar Überflüssigem, Unnötigem: Er revidiert uralte Autos und Dampflokomotiven, in den Städten finden Flohmärkte statt, alte Bauernhäuser werden aufgepäppelt und zu Fluchtburgen des Städters umfunktioniert, ehemals aufgegebene Altstadtwohnungen erzielen Rekordpreise. Schnörkel und Patina sind plötzlich wieder gefragt, nostalgischer Prunk hat Hochkonjunktur. Das Alte erhalten wurde zum stadtbaulichen Slogan der Jahrtausendwende.

Die Denkmalpflege spielt keine belächelte Aussenseiterrolle mehr, das Althergebrachte ist in Mode. Obschon die Kirchen ihre Urbestimmung als blosse sakrale Meditations- und Versammlungsräume längst verloren haben, prägen sie nach wie vor unsere Städtebilder, sie sind die Merk- und Richtmale der Stadt, Baudenkmale im wahrsten Sinn, Architekturhochleistungen oftmal, die beeindrukken: reiche Sonntagsstücke im Grau der Stadt. Man nehme, als akademische Übung, unseren Städten die Kirchen weg – was bliebe übrig: der form- und leblose Betonbrei, wie er sich über die Vorstädte ausgiesst.

Die Stadt braucht Höhe-Punkte, städtebauliche Ereignisse, wohin der Stadtwanderer mit Freude und Lust aufbricht. Solche Bau-Werke müssen nicht um jeden Preis in die Höhe ragen («Wolken-Kratzer»), um Aufmerksamkeit zu wecken; sie können, denn Türme sind in besonderer Weise prädestiniert, Stadtbilder zu prägen, Türme sind Orientierungshilfen, urbane Fixpunkte, Trade-Marks einer Stadt. Doch, wenn Türme überhandnehmen, wenn ganze Turmfelder entstehen, ist die Wirkung fort; denn der Turm muss im städtebaulichen Spannungsfeld an der richtigen Stelle, an seinem Platz stehen. Nur so wird er zum nicht mehr wegzudenkenden Attribut eines Stadthorizontes.

Doch, wie gesagt, ein städtebaulicher Höhepunkt braucht sich nicht durch seine Höhe auszuzeichnen. Ein bescheidener Fuss-Weg kann Auftakt zu einem urbanen Erlebnis sein, wenn am Weg-Ende ein markantes Stück Architektur den Gang lohnt, ein Brunnen vielleicht oder ein Wirtshaus mit Ausblick. In der neuen Stadt werden Marschrouten wohlüberlegt in den Stadtplan integriert sein, als eine Art Trampelpfade des Tierabkömmlings Mensch. An einer solchen Route kann eine doppelte Gemeinschaftsbaute stehen: jung und alt in Konjugation, der Alten-Teil als asymmetrischer trapezförmiger Dachkörper, das Jugend-Haus als flacher aufgeschlitzter Kegelstumpf, beide Häuser von gemässigter Grossartigkeit: man ist wer, wenn man hier ist. Fälle, wo die verborgene Theatralik der Architektur berechtigt ist, Bau-Formen, die sich bewusst vom blossen Zweckmässigen distanzieren, hoffentlich zur Freude des Benutzers.

Begrünter Höhepunkt: Merkmal im Stadtbild

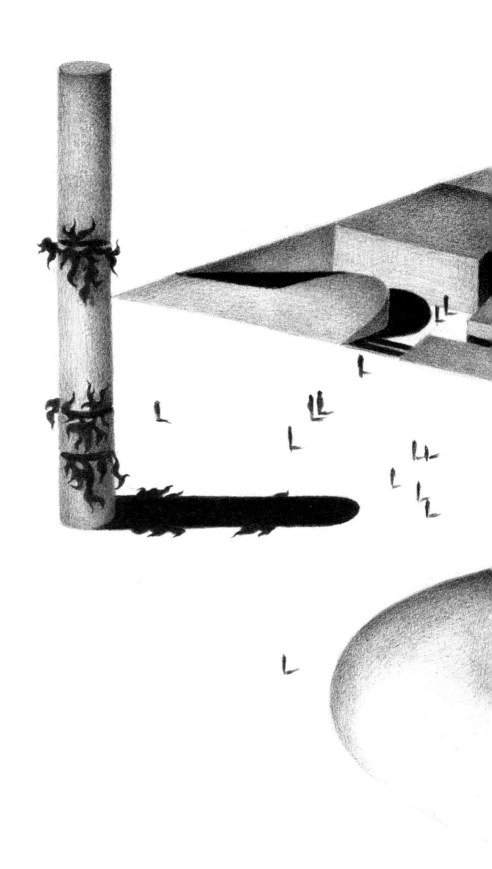

Zwei Treffpunkte:
für alt (oben) und jung (unten)

Allzweckraum im Jugendhaus

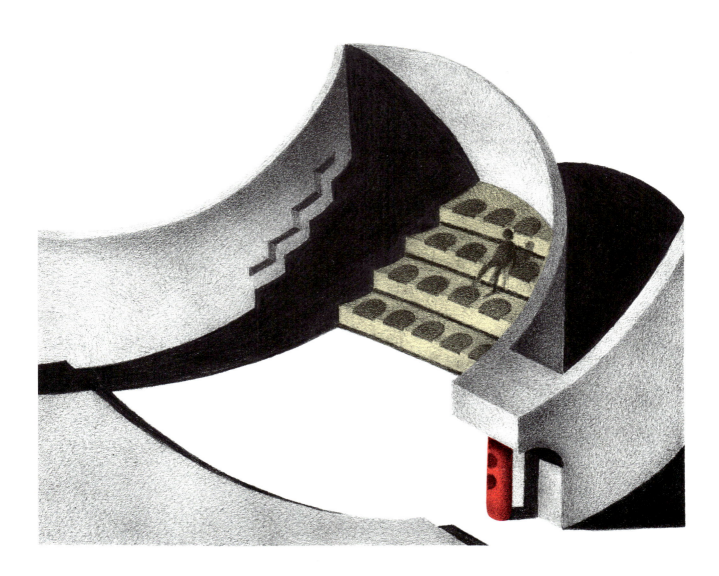

THESE 5

Ein weites Spektrum humaner Wohnbau-Formen steht zur Wahl

Die Erbauer der neuen Stadt werden sich dem kategorischen Verlangen des Stadtbewohners nach seinen «eigenen vier Wänden» nicht widersetzen können, der Drang zur Be-Hausung, zum Haus sitzt tief in der menschlichen Seele. Der Mensch hat komplexe Wünsche; wir wollen beides: die Abgeschiedenheit der einsamen Klause wie die Chance zum Kontakt, zum direkten Beieinanderleben; die Wunschskala weist jede Schattierung auf, vom isolierten Familienhaus bis zum urbanen Ameisenhügel. Hiernach hat sich der Stadtbauer zu richten und sein Angebot entsprechend zu gestalten, er darf die menschlichen Urwünsche nicht ignorieren; wer erfolgreiche Städte bauen will, muss menschengerecht vorgehen.

Es wird neue Städte geben müssen, welche die ganze Wunschpalette menschlicher Behausung umfassen. Das kleinräumige Schnitzhaus wird die Kleinfamilie (oder die Kleingemeinschaft) beherbergen, die Mittelfamilie (oder die Mittelgemeinschaft) wird möglicherweise den Octopus bewohnen. Der Octopus ist eine achtarmige Wohn-Form mit einem Zentralkörper für gemeinschaftliche Einrichtungen, Ateliers, Büroraum usw. Die Wohn-Arme sind autonome Trakte mit allen Funktionen eines Einfamilien-Hauses. Als Ganzes gesehen ist der Octopus das kommunale Grosswohnhaus, wo neben klar getrennten individuellen Lebensbezirken auch öffentlicher Bewegungsraum verfügbar ist.

Der Spiral-Wohnturm ist eine ähnliche Gross-Wohnform, jedoch wird dort auf den gemeinschaftlichen Kommunikationsbereich bewusst verzichtet. Die Wohneinheiten liegen tangential an der Vertikalachse, es entstehen Kleinterrassen: das Terrassenhaus in Spiralform.

Das klassische treppenförmige Terrassenhaus kommt nach wie vor an geeigneter Lage als kompakte Wohnform in Frage. Eine terrassenartige Grosstreppe dient als Baugrund, dem die einzelnen doppelstöckigen Raumzellen aufgesetzt werden. Diese Einheiten kann man sowohl seitlich als auch in der Höhe untereinander kombinieren, so lassen sich Raumfolgen und -gruppen in vielfacher Anordnung bilden.

Eine entfernte Abwandlung dieses Hanghaustyps stellt das «negative» Terrassenhaus dar: die benutzbaren Volumen liegen unter den Stufenflächen, es entsteht eine Art Kellerhaus mit Ausblick Richtung halbgeöffnetes Atrium und talwärts.

Zwei, drei oder mehr «Schneckenhäuser» hängen an einem gemeinsamen Rückgrat. In diesem zentralen Sammeltrakt liegen Nebenräume (Einzelzimmer, Vorratskammern usw.), während in den Rundlingen die Haupträume (Wohnzimmer, Esszimmer usw.) angeordnet sind. Dieses Konzept ist eine deutliche Demonstration der neuen Denk- und Bauart: Konzentration der Baumassen ohne Verzicht auf die individuellen Freiheiten der Bewohner; alles in allem ein Versuch der Annäherung an den Standard des freiliegenden, aber platzraubenden Einfamilien-Heims.

Eine andere Verwirklichung dieses Prinzips ist das gebündelte Wohnturmhaus: Zwei oder drei im Grundriss tropfenförmige Wohntürme wachsen an einem Treppenkern in die Vertikale.

Octopus: acht Wohnarme ragen aus dem gemeinschaftlichen Kern radiär in eine Gartenlandschaft

Inneres eines Octopus-Armes
mit gewölbtem Glasdach

Arbeitsraum im Octopus,
gegen einen Atrium-Garten
gerichtet

Zentraler Gartenhof im Octopus

Rechts: Spiralwohntürme mit tangential leicht abgedrehten Stockwerken

Unten: Einblick in das Stockwerk der Wohnspirale

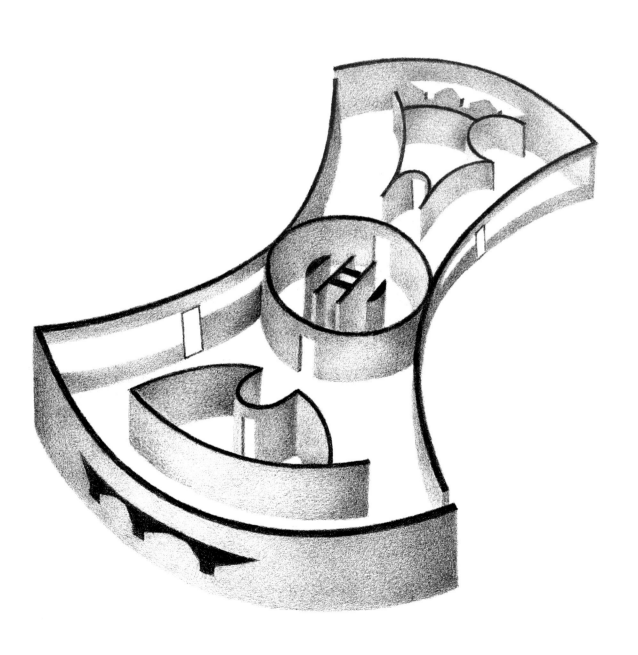

Oben: Fenster mit Sitznische
in der gewölbten Spiralwand

Rechts: Aufblick auf einen
Spiralwohnturm. Links unten:
Compactbahn-Trassee

Wohnteil einer Raumzelle
mit Oberlicht

Kompaktes Terrassenhaus aus beliebig kombinierbaren doppelstöckigen Raumzellen

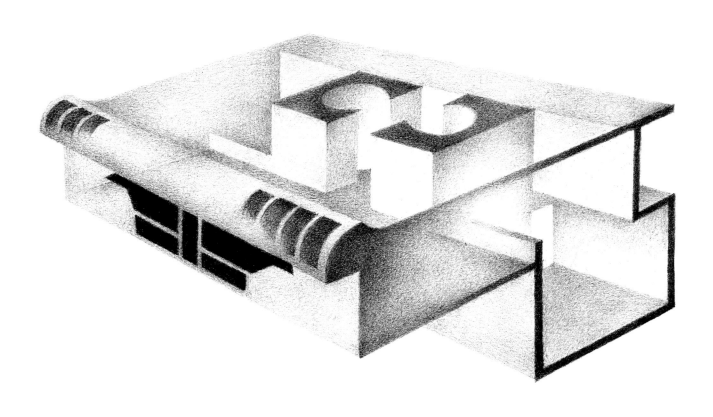

Phantomzeichnung einer
L-förmigen Raumeinheit
der Terrassenhaus-Anlage

«Negative» Terrassenhäuser sind in raumhohe Stufen eingelassen

Wohnraum-Ecke im Terrassenhaus
mit Ausblick gegen Atrium

Atrium eines Terrassenhauses, gegen die Talseite geöffnet

Eine «Schneckenhaus»-Gruppe am Hang im Grundriss

«Schneckenhäuser» tangieren das zentrale Rückgrat

Innenraum mit Kamin
auf dem Wohnstockwerk eines
«Schneckenhauses»

Waldlandschaft
mit freistehenden Wohntürmen.
In den abgestuften Nebentürmen
liegen die sekundären Räume
und die Ausbaureserven

Innenraum auf einem Wohnstockwerk im Turm

Bauelement des Zéro-Hauses

Das auf den Kanten stehende Zéro-Haus
benötigt null Quadratmeter Land

THESE 6

In der neuen Stadt gibt es Teile verschiedener Bau-Erhaltensdauer

Es gibt in der neuen Stadt Stadt-Teile von Dauer-Charakter, den Stadt-Kern zum Beispiel, mit seinen Bauten für den öffentlichen Bereich. Diese Anlagen können ihre innere Funktion jederzeit völlig verändern und den neuen Gegebenheiten anpassen; doch die äussere Schale, die Form bleibt bestehen, das Gesicht erhalten. Die Gesamtheit solcher stabiler Fixpunkte bildet das Stadtgerippe, das urbanistische Fundament der neuen Stadt, eine Grund-Lage im wahrsten Sinne. Auf ihr basieren die übrigen Stadtelemente: der Verkehr, der Wohnbau, der Industriebau usw. Diese Bereiche sind nicht a priori von derselben Dauerhaftigkeit wie die Basis, hier setzt der Wandel früher ein, das Zufügen, das Wegnehmen, das Verändern oder der Ersatz sind vorprogrammiert; man kann von einer Erhaltensdauer zweiter Stufe sprechen.

Noch schneller werden die flexiblen Bauten kommen und wieder verschwinden, Bauten, die rasch plötzlich auftretenden Bedürfnissen dienen können, wie Wohnraum für Junge oder, bei einem unerwartet einsetzenden Bedarf, für Senioren. Derartige Unterkünfte dürfen typischen Mobilbau-Charakter haben, sind also Vorfertigungen, die gelagert und mühelos aufgerichtet werden können. So wären Urbanisationen von ganzen Quartieren in wenigen Tagen denkbar, die Verlegung von Bauraum oder dessen Liquidation und die Wiederverwendung des Baulandes als Erholungsraum sind neue Merkmale der Stadt. Das Dauerhafte und das Provisorische ergänzen sich zur anpassungsfähigen Stadt-Landschaft.

Aus einem ebenfalls vorgefertigten, transportablen Schnitz lassen sich Häuser in vielfältiger Variation aufbauen, Schnitzhaus-Gruppen können zu ganzen Dörfern auswachsen. Die Minimalvariante, die Dreiergruppe, also drei Schnitze zentrisch verbunden, enthält den Sanitärschnitz mit angefügter Kochwand, je einen Wohn- und Schlafschnitz. 4er-, 5er-, 6er- oder 7er-Gruppen sind durchaus denkbar, es resultieren eigentliche Raumlandschaften.

Eine zweite Mobilhaus-Lösung ist das abgeeckte Quadrathaus: viereckige Räume von Zimmergrösse werden in Richtung der Diagonalen zusammengefügt. Acht identische stapelbare Ecken formen den einzelnen Kubus.

Neben der halbpermanenten und permanenten Bauzone enthält die neue Stadt (vielleicht) auch eine umfassende Selbstbauzone, wo der Bau-Wildwuchs, im kleinen, erlaubt oder sogar erwünscht ist: ein Jeder-kann-mitmachen der Architektur-Szene. Denn es ist erforderlich, dem Bewohner der neuen Stadt in einem geordneten Nebeneinander das ganze Spektrum vielfältigster Wohn- und Lebensformen anzubieten.

Schnitzhaus-Varianten:
3-, 4- und 5teilig

Links: Schnitzhaus aus vier
identischen Elementen

Oben: Komposition mit drei
Schnitzelementen

Rechts: vorgefertigtes Basis-
element des Schnitzhauses

Diagonaler Blick durch
zusammengebaute Zellen

Oben: drei Raumzellen aus je acht identischen Elementen

Rechts: Achtelselement für rasche quasimobile Hausbauweise

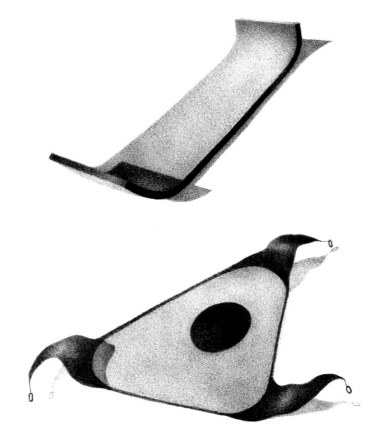

Oben: gleichseitiges Mobilhaus

Links: Bauelemente des Mobilhauses

THESE 7

Die neue Stadt ist optimal durchgrünt

Wer «Stadt» sagt, meint eine Ansammlung von Gebäuden aller Art, meist grau in grau, im Zentrum gedrängt, an der Peripherie ins Grenzenlose auswuchernd. Solche im Altertum und Mittelalter gegründete Städte müssen heute notgedrungen an Platzmangel kranken; es ging ja damals darum, innerhalb schützender Mauern, Schanzen und Bollwerke möglichst viele Menschen unterzubringen. Für Grün-, also Erholungs- und Zwischenräume blieb meistens wenig oder überhaupt kein Platz. Auch das Einreissen der Bollwerke – auf deren Flächen Boulevards (von «Bollwerk» abgeleitet) angelegt wurden – brachte wenig und nur vorübergehend Erleichterung. Die automobile Invasion hat schliesslich die meisten Städte für echtes urbanes Leben und Erleben unbrauchbar werden lassen.

In der neuen Stadt stehen die Bauten an prädestinierter Stelle in der Landschaft, ihre scheinbar natürliche Lage ist erdacht und dem generellen Stadtplan entsprechend. Der landschaftliche Zwischen-Raum ist möglichst freie, wenig berührte Naturzone. Der (automatisierte) Stadtverkehr mittels Compactbahnsystem (siehe These 12) darf weder Landschafts- noch Stadtbild beeinträchtigen, an heiklen Positionen wird dieses Verkehrsmittel unter Tag verkehren. Gehwege und -pfade werden die Bau-Stellen und Bau-Gruppen untereinander verbinden.

Im «Kopf» der humanen Stadt, in der neuen «Altstadt», gibt es Flanier- und Einkaufszonen, im Sinne von gedeckten Galerien oder Passagen, frei selbstredend von jeder Art individuellen Verkehrs, aber möglichst natur-verbunden.

Solche Vorkehrungen erlauben, aus dem ganzen unbebauten Stadtgebiet einen Lebens-Raum für Mensch, Tier und Pflanze zu gewinnen: ein in die neue Stadt integriertes Stück Landschaft.

Übergrünte Hügel-Häuser

Freizeithäuser auf grünen Stufen

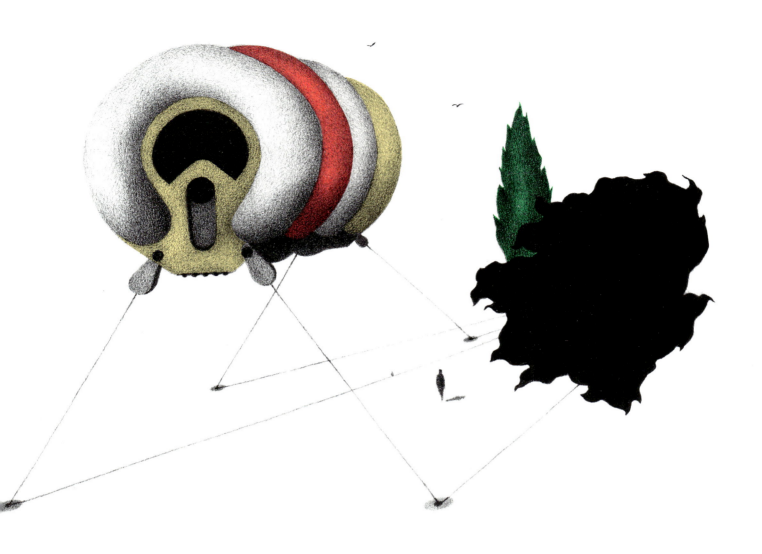

Oben: Denkanstoss:
Das Ballonhaus beansprucht
kein Land

Links: Ballonhaus-Innenraum

THESE 8

Die neue Stadt ist ruhig

Das wohl selbstverständlichste Gebot der neuen Stadt ist die Ruhe, also Abwesenheit von Lärm; Ruhe nicht in der absolutesten Form als totale Stille, das wäre ebenso untragbar wie massloses Geräusch; aber die neue Stadt braucht so viel Ruhe, dass dem Menschen die leisen Laute der Natur wieder zu Ohren kommen: der Vogel-Sang, das Wind-Rauschen, der Wasser-Fall. In der humanen Stadt gibt es also Ruhezonen: ruhige Wege, ruhige Plätze, wo man den Vogel singen, den Wind rauschen, das Wasser fallen hört, wo der Mensch das sein kann, was er ist: ein Stück Natur. Unterwegs stehen Pavillons, Refugien für den geistigen Rückzug, stille Privat-Welten, als Gegenstück zur Aussen-Welt. In der neuen Altstadt wird es keinen Verkehrslärm geben (weil das Auto fehlt), die Gassen und Plätze werden widerhallen vom Tritt des Menschen.

Wahrscheinlich wird auch der neue Stadtmensch nicht auf gewisse alternative Lautangebote verzichten mögen: ein musikalisches Kunst-Programm wäre denkbar – als Gegenspiel zur natürlichen Geräuschkulisse – das den Spazierer streckenweise begleiten würde. Minimale Lautsprecher, im Boden fixiert, könnten dem Weg entlang für eine massvolle Hintergrund-Musik sorgen; sie wären mit Annäherungsschaltung versehen und würden so nur auf Wunsch und Lust in Betrieb gesetzt.

Pavillon über einem Fussweg

Aus kleinen Bodenlautsprechern
ertönt «ferne» Hintergrundmusik

T H E S E 9

Öffentliches und Stadtdesign bilden eine stilistische Einheit

Das öffentliche Design ist integrierender Teil sowohl des inneren (Innenräume) als des äusseren (Aussenräume) Stadtbildes. Formen des öffentlichen Designs sind in gleichem Mass und Sinn architektonische Produktionen wie die baulichen Architekturformen der neuen Stadt. Das öffentliche Design ist Architektur.

Beispiel Weglampe. Diese Weg-Lampe hat ausser dem Beleuchten die Zweitfunktion einer Weg-Marke; die Lampe wird zur Architektur-Skulptur.
Beispiel Telefonsäule. Die Telefon-Säule muss erkennbar, ersichtlich, auffindbar sein; eine Skulptur mit einem praktischen Grundnutzen.
Beispiel Händewascher. Der automatisierte Hände-Wascher ist eine Zusammenfassung mehrerer Funktionen (nässen, seifen, trocknen), er ist ein klassischer Fall öffentlichen Designs: er steht in öffentlichem Gebrauch in öffentlichen sanitären Anlagen. Der Händewascher bringt, von formaler Warte her gesehen, Ruhe in den Wirrwarr heutiger entsprechender Installationen.

Das übergeordnete Endziel gestalterischer Versuche im Stadtbau ist:
Ordnung im Grossen (Planung) wie im Kleinen (Design) zu schaffen, Markierungen zu setzen, ein imaginäres Koordinatensystem festzulegen, ohne dabei die eigenschöpferische Freiheit des Einzelnen (Beispiel: Gartenbau) übermässig einzudämmen. Dann bekommt die neue Stadt ihre eigene Form, ohne gesichtslos zu werden.

Weglampe in Form einer
Architektur-Skulptur

Telefonsäule: öffentliches Design in der Formsprache der Stadtarchitektur

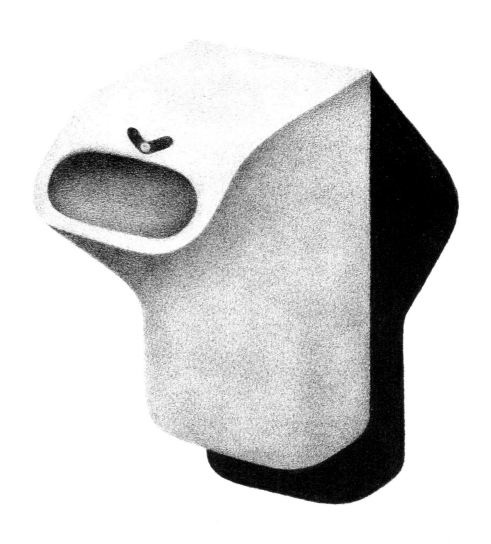

Lavabo für den öffentlichen Sanitärbereich mit automatischer Wasser-, Seifen- und Warmluftzufuhr

THESE 10

Die neue Stadt ist eine Fussgängerstadt

In der neuen Stadt wird es keine konventionellen Strassen geben: Mauerschluchten, Fahrspuren des Verkehrs, seitlich verdrängt der Mensch, ab und zu Fussgänger-Streifen, um den Verkehr zu durchstossen. In der neuen Stadt gibt es also keinen ebenerdigen Autoverkehr mehr; aus einem zentralen Auto-Sammelkeller werden wenige unterirdische Stichstrassen zu bestimmten Stadt-Schwerpunkten führen, während der Keller selbst mit den Nachbarstädten verbunden ist. In einer späteren Zukunftsphase wird man in den neuen Städten völlig auf den individuellen Verkehr verzichten können. Denn der Personentransport über kleine und mittlere Distanz, aber auch der Schnellverkehr zu Nebenzentren wird durch ein neuartiges Verkehrssystem (siehe These 12) übernommen. Die Rollen werden vertauscht sein: Der Mensch (Fussgänger) wird zur Hauptsache, das Auto (Der Verkehr) wird zur Nebensache.

Die Fussgängerpfade legen sich natürlich in die möglichst unveränderte Tektonik der neuen Stadt. Diese Fuss-Wege sind Naturpisten mitten in der Stadt auf einer fussgerechten Grundlage: Naturstein, Kies oder auch gewöhnliche gestampfte Erde, Natur gleichsam im Urzustand.

Hauptwege verbinden die Erlebnis-Zonen untereinander, den gemeinschaftlichen Kern mit dem offenen Markt beispielsweise. Auf den Überlandpfaden, unterwegs, gibt es Ruheplätze in Form geschützter Pavillons. Denn auf Wetterschutz wird in der neuen Fussgängerstadt besondere Sorgfalt verwendet: der «offene» Markt liegt unter einem grossen Dach, seine Seitenfronten können durch Infrarot-Strahlvorhänge vor Luft- und Kälteströmen bewahrt werden: eine Allwetterzone für den Stadtflanierer.

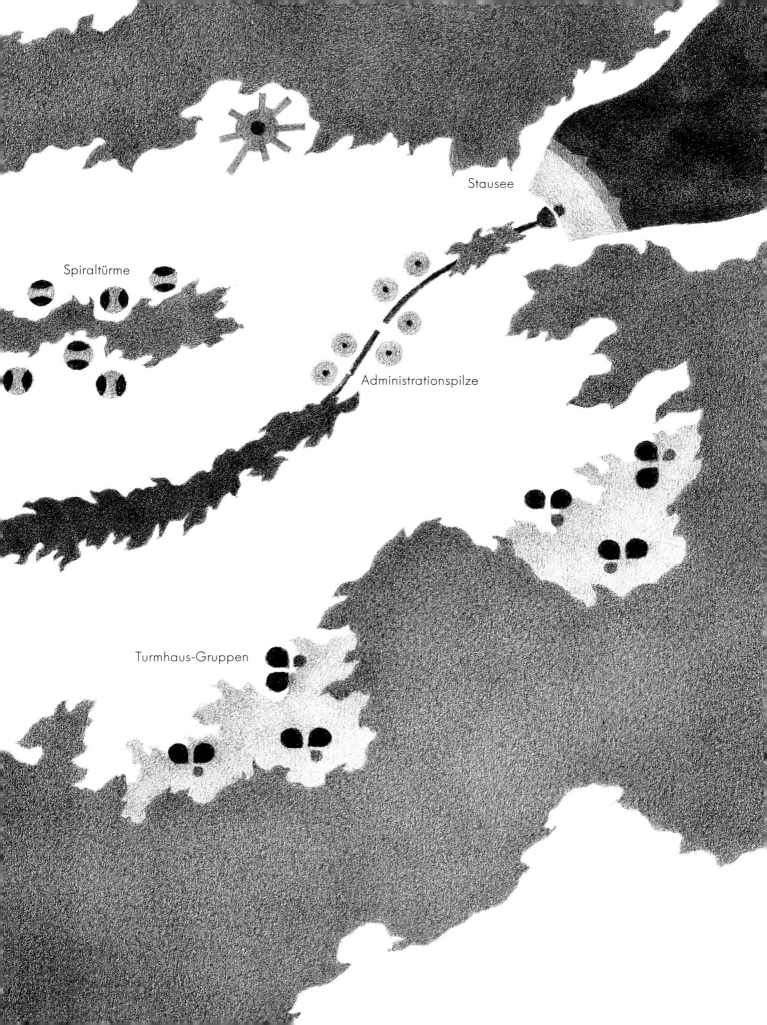

THESE 11

Wasser
ist ein integrierendes Element
des humanen Stadtbaues

Wasser war oft der Grund zur Stadtgründung: die Stadt am Meer, die Stadt am Fluss, die Stadt am See, die Stadt in der Oase. Wo Wasser nicht war, wurde es hergeholt, über Aquädukte, durch Kanäle, durch Leitungen; denn Wasser ist lebenswichtig, überlebenswichtig, die Stadt ohne Wasser ist nicht lebensfähig, Stadt-Leben ohne Wasser wäre tödlich. Städte hängen am Wasser. Der Mensch hat einen (angeborenen) Hang zum Wasser.

Wasser kann auch Bau-Grund sein, ein Wasser-Grundstück hat einen Vorteil, den das Land-Grundstück nicht bieten kann: die Mobilität. Das Wasserhaus kann sich in allen Richtungen verlagern: ein Mobilhaus auf Wasser, das Haus wird zum Wasser-Fahr-Zeug.

Es gibt zwei Formen, Wasser zu halten: ruhend oder bewegt. Wasser bringt Ruhe oder Bewegung in die Stadt. Wasserflächen sind ein urbanes Bau-Element. Bewegte Flächen, Wasser-Strassen, kommen als Verkehrswege in Betracht. Es wären Boote zu bauen ohne Motorlärm und abgasfrei, öffentliche Wasserfahrzeuge könnten den Individualverkehr weitgehend ersetzen (Vorbild: Venedig). Ähnliche Boote würden auch auf (künstlichen) Seen und Teichen einem massvollen Ausflugsverkehr dienen, das Fahren auf Wasser wird von der blossen Beförderung zum Reise-Erlebnis erhoben.

Wasserfall, in Waldlandschaft verborgen

Wasser, leicht bewegt und
niedrig eingefasst

Schwimmende Badehalle
mit verschliessbarer Dachkuppel

Baugrund Wasser: das Schiff als mobiler Wohn- und Freizeitraum. Schiffgrundriss mit ausgefahrenem Landesteg

Oben: Wohnboot

Links: Bug-Raum des Wohnschiffes mit Sitzrundung

Wasser-Fahrzeug in fliessendem
Kanal als Fahrspur

THESE 12

In der neuen Stadt ist der Verkehrsplan dem Stadtplan untergeordnet

Bestimmt wäre die beste Stadt die Stadt ohne Verkehr. Denn Verkehr, also die Fortbewegung des Menschen mit anderen als seinen eigenen Bewegungsgeräten (den Füssen), ist immer unmenschlich. Aber eine Stadt ohne funktionstüchtiges Verkehrssystem ist ebenso lebensunfähig wie ein Körper ohne Kreislaufsystem.

Man darf den Verkehr nie isoliert betrachten, Verkehr ist immer eine Funktion des Stadtbaues; dieser ist in jedem Fall in Bezug zu setzen: die Stadt-Vision setzt eine Vision des Stadt-Verkehrs voraus, und umgekehrt.

Wer das Auto aus der Stadt verbannt, muss einen tauglichen Ersatz anbieten. Das kann aber nicht eine «Strassen-Bahn» oder gar eine «Eisen-Bahn» sein: landfressende und geräuschvolle Relikte aus der Gründerzeit der Technik. Das neue Verkehrsmittel wird mit hinreichender Kapazität und in attraktiver Form urbane Schwerpunkte und Wohnzonen untereinander verbinden müssen. Diese Bahn wird eine Bedarfsbahn sein: der Bedarf wird elektronisch ermittelt und die entsprechend benötigte Kabinenzahl eingesetzt.

Die Compactbahn ist eine Kombination von Hänge- und Schienenbahn: durch das Einhängen in den dreieckförmigen Leitbalken wird das System praktisch entgleisungssicher, Schnee, Steine, Äste rutschen über die schiefe Ebene zu Boden. Der raumsparende Dreiecksbalken ist visuell optimal in die freie Landschaft integrierbar; aber an städtebaulich delikater Lage kann die Compactbahn auch unterirdisch (oder ebenerdig) geführt werden, wozu sie des geringen Querschnitts wegen ebenso prädestiniert ist wie zur Hochbahn.

Auch für den Güterverkehr müssen neue Wege gesucht werden. In der neuen Stadt verbindet das Rohr-Post-Netz (siehe These 13) alle Gebäude mit der Zentralpost. So können Kleingüter unsichtbar spediert werden, der oberirdische Strassen-Frachtverkehr entfällt. Schwerfracht wird mit einem speziellen Gütercontainer der Compactbahn verteilt. Für Spezialfälle (Feuerwehrdienste, Notärzte usw.) sind in der Stadtlandschaft unauffällige Fahrspuren (Pisten) angelegt.

Die Verkehrsumschlagstelle – einen eigentlichen Bahn-Hof gibt es nicht – ist als multifunktionale Anlage konzipiert: Der ankommende Grobverkehr aus umliegenden Orten wird auf den innerörtlichen Feinverteiler umgelegt. Diese Zentrale wird auch ein Auffang-Parking für das Privatautomobil enthalten, hier findet der Übergang zum öffentlichen Verkehrsmittel statt. Es ist ausserdem eine Landeplattform für geräuscharm fliegende, senkrecht startende Rund-Zeppeline vorgesehen, die den Direktverkehr zu Gross-Städten übernehmen.

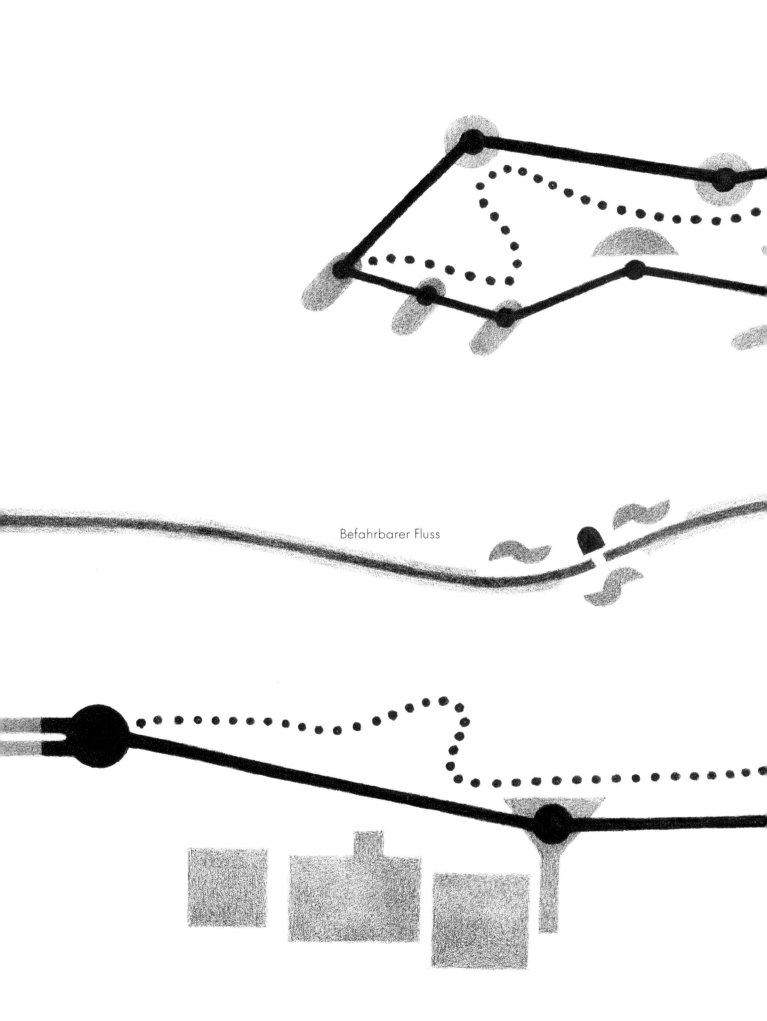

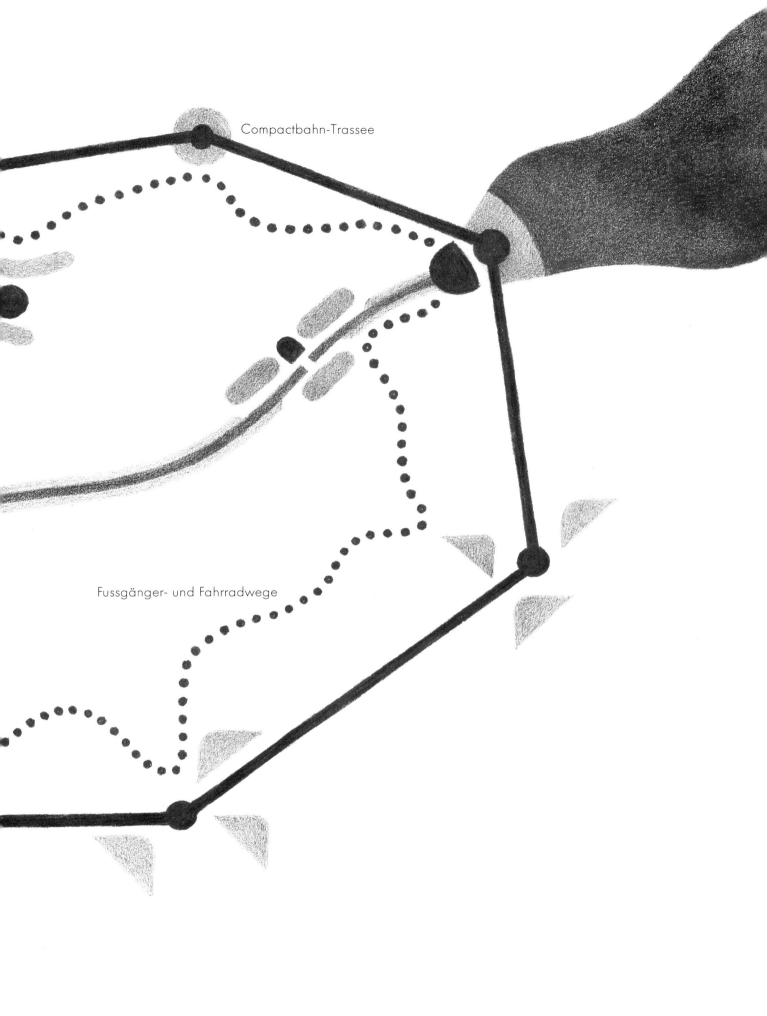

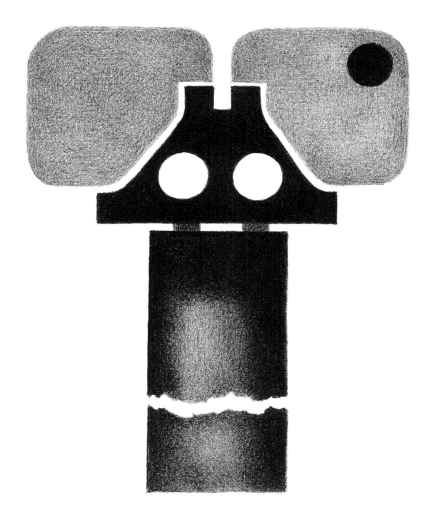

Links: Doppelprofil der Compactbahn

Rechts: Integration der Compactbahn. Versenkt: Fahrpisten für automobile Transporte

Compactbahn im Tunnel

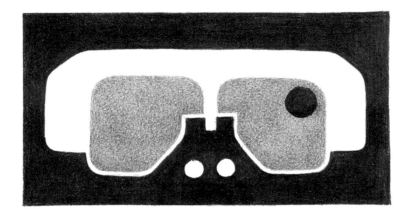

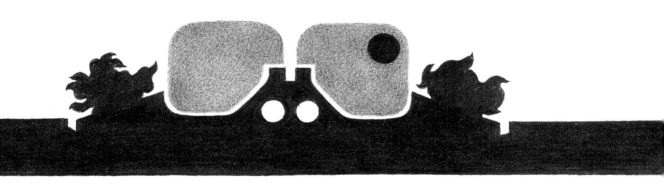

Compactbahn ebenerdig

Compactbahn-Trassee über Parkierebene

Compactbahn-Trassee über Auto-Tunnel

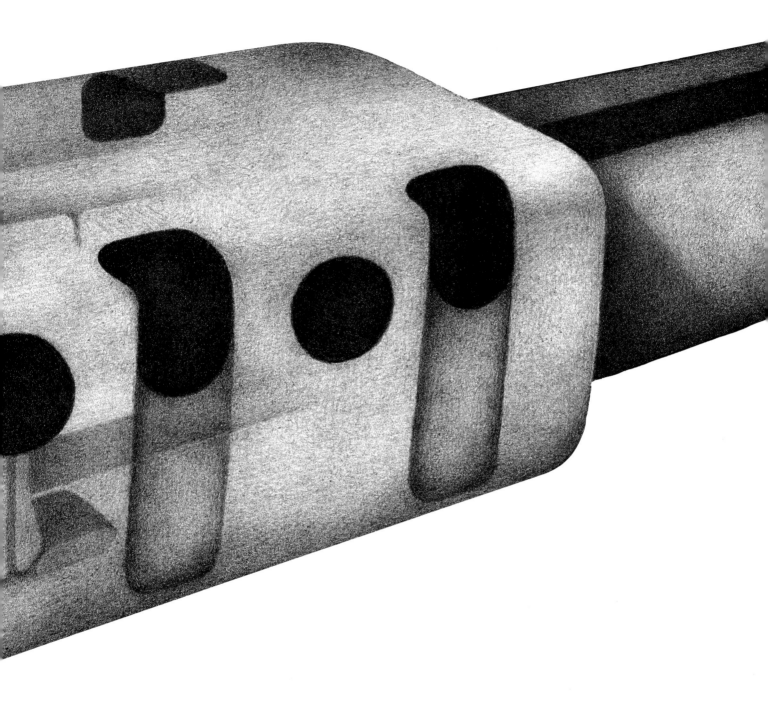

Phantomzeichnung
der Compactbahn-Kabine

Compactbahn-Kabine im Schnitt

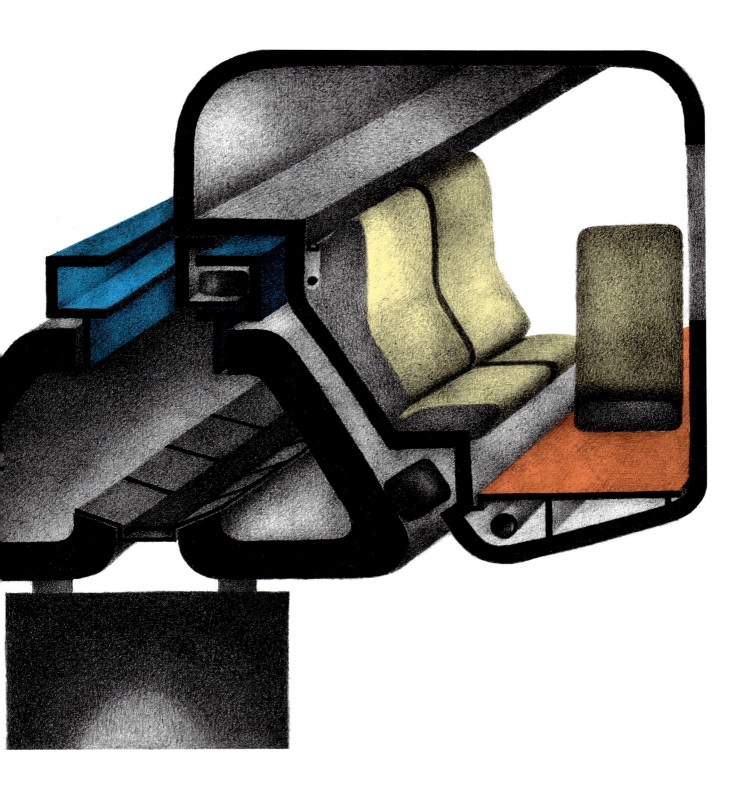

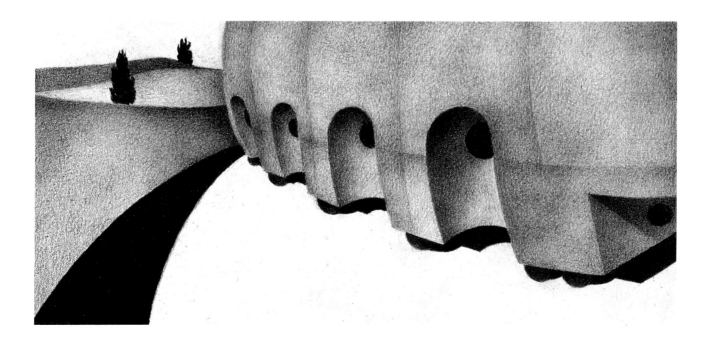

Oben: Verkehrs-Umschlagplatz mit Luftschiff im Anflug und ausfahrender Compactbahn

Links: Plattform mit gelandetem Luftschiff

THESE 13

Neue Technologie wird zweckmässig angewandt

Die Übertechnisierung des mechanischen Stadtapparates muss in der neuen Stadt vermieden werden. Technisch wäre es problemlos möglich, ein voll durchcomputerisiertes Verkehrssystem einzurichten, das den Menschen auf Tastendruck an jedes beliebige Ziel befördert. Die Compactbahn (siehe These 12) verzichtet ganz bewusst auf solchen Scheinkomfort, der den Menschen zur Marionette einer technologischen Überwelt degradiert.

Sinn-volle Anwendung technischer Errungenschaft ist dort angebracht, wo sinn-lose menschliche Tätigkeit vermieden werden kann. Zum Beispiel ist die Rohr-Post eine jahrhundertealte Einrichtung, aber Scharen von Post-Boten und Brief-Trägern mühen sich nach wie vor mit dem Austragen und Ausfahren von Post ab. In der neuen Stadt wird es zum Versand von Brief- und Packpost ein unterirdisches ferngesteuertes Verteilsystem geben. Der begehbare vorgefertigte Kanal enthält auch sämtliche Zu- und Ableitungen zu den Bauwerken; das lästige und kostspielige Aufreissen der Erdoberfläche im Reparaturfall entfällt. Die sichtbare Ordnung des städtischen Gesamtkonzeptes überträgt sich auf den unsichtbaren Unterbau der Stadt.

Angewandte Technik auch dort, wo rasches Eingreifen gefordert wird, jedoch direkter menschlicher Zugriff unzumutbar umständlich wäre: ein pneumatisch betätigtes Schutzdach vor Regen, Wind, Sonne. Senkrecht aufgehängte Kunststoff-Lamellenschläuche werden mit Druckluft gefüllt, es entsteht ein dichtes Röhrendach zum Eindecken von Plätzen, Wegen, Alleen, Stadien usw. Die öffentliche Aussenwelt der neuen Stadt wird so zum klima-unabhängigen Aufenthalts- und Bewegungsraum des Stadtbenutzers.

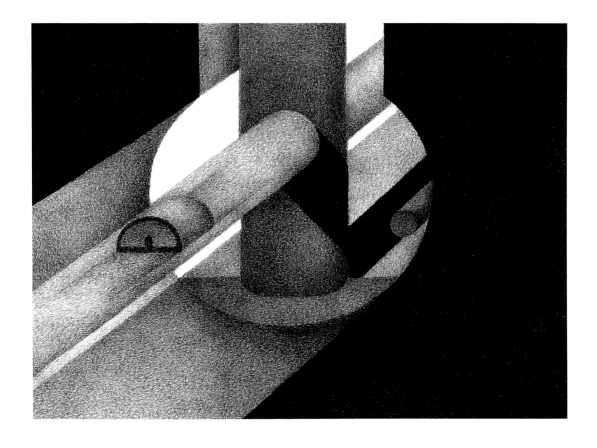

Links: sinnvoller technologischer Einsatz: unterirdisches Verteilsystem für Wasser, Strom, Poststücke usw.

Oben: zeitgemässe Technologie im Wetterschutz: pneumatisches Kunststoffröhren-Dach zum Überdecken von Fussgängerbereichen

THESE 14

Alternative Energien werden sinnvoll eingesetzt, Bauformen entsprechend gestaltet

Die neue Stadt soll energetisch weitgehend autonom sein. Dieses Ziel kann nur erreicht werden, wenn die hauptsächlichen alternativen Energieträger – Wind und Sonne – optimal am richtigen Ort, zur richtigen Zeit und im richtigen Mass eingesetzt werden. Grundenergie wird die Wasserkraft bleiben.

Unser Stadtmodell ist von einem Wasserlauf durchzogen, der gefasst und zu einem See gestaut wurde. Diese Anlage ist der Basis-Energielieferant der Stadt. Die Sturzkraft des Wassers wird in Strom verwandelt; im Fluss sind ausserdem Kleinturbinen abgesenkt, welche im Verbund mit Generatoren die örtlichen Industrien mit Elektrizität bedienen.

Die gewölbte Aussenfläche der Staumauer ist mit beweglichen Solarkollektoren für die Produktion von Heisswasser besetzt, das wunschgemäss für den Heizbedarf oder zum Antrieb von Dampfmaschinen verwendet werden kann.

Das Äussere eines energieautarken Hauses ist geprägt durch die mobilen und stationären Einrichtungen zur Energieproduktion; ein solcher Bau zeigt deshalb ein gänzlich neues Erscheinungsbild als das hergebrachte Wohn-Haus. Zentral gelegen ist ein Rundtrakt für die Wohnbedürfnisse, tangential zu diesem Kern verlaufen zwei geschwungene Gartenhäuser für die saisonunabhängige Anbaukultur. Der Zentralbau trägt ein reflektierendes verstellbares Solardach, das die Sonnenenergie gebündelt auf einen Strahlenkollektor richtet. Dem Sonnendach untergeordnet ist eine Windfanganlage in Form eines grossen horizontalen Schaufelrades, dessen Achse direkt mit einem Stromgenerator gekoppelt ist. Die Elektrizitätsversorgung ist also alternierend durch Wind- und Sonnenkräfte gesichert; Strom aus dem Netz ist nur bei Totalausfall beider Energiespender vonnöten.

Energieautarkes Haus mit zwei geschwungenen Gartenhäusern

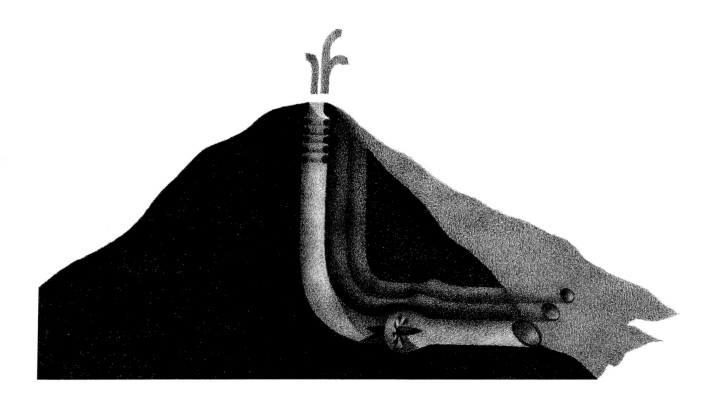

Links: mit dem Kamin-Effekt können Turbinen angetrieben werden.

Oben: Unterwasserturbinen für die dezentralisierte Stromproduktion in Flussläufen

Staumauer mit integriertem
Parabolspiegelfeld für die
Heisswasserproduktion zur
temporären Stromerzeugung

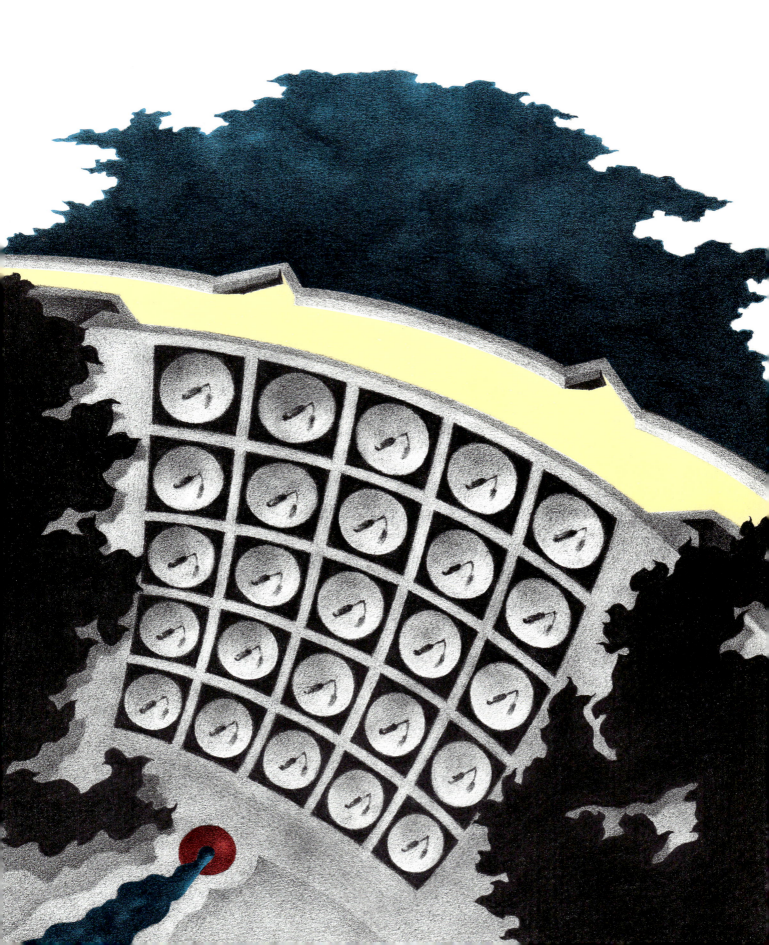

Pfahlbaute mit autonomer
Energieproduktion mittels
Wasserrad

Kaminraum im Pfahlbau

THESE 15

Industrien und Werk-Stätten liegen organisch in der Stadtlandschaft

Ein dominierendes Problem des humanen Stadtbaues wird das Eingliedern von Industrie-Werken so lange sein, bis – in einer noch fernen Zukunft – der Grossteil jeglicher Fabrikation in weiten Kellerflächen vollautomatisiert stattfindet. In solchen Untergründen liegen vielleicht auch die notwendigen Energie-Erzeuger neuartiger und schadloser Bauweise.
Ein Vorläufer dieses Unterflächen-Konzepts bildet die unterirdische Einzel-Fabrik, auf drei Ebenen für automatisierte Produktion eingerichtet. Oberirdisch stehen in notwendigen Abständen grosse Pilze von dreifachem Nutzen: Licht und Luft werden durch den Pilzstamm in die (meist menschenleeren) Fabrikationsetagen geleitet, während Fahrstühle zur Administration in den Pilzköpfen führen.

Übergangsstufe zu derartigen Produktionszentren ist die oberirdische, architektonisch gefasste Industrie-Anlage. Das Beispiel ist um die generelle Bauhöhe in eine breite Mulde abgesenkt; aus einiger Distanz sind nur zwei Pyramiden sichtbar, eine boden-ständige und eine kopf-stehende. Dort ist die Werkführung und die Verwaltung zuhause. Das sind keine Symbole der Macht; vielmehr soll die Architektur-Hülle ausdrücken, was im Bau-Körper vor sich geht: hier ist eine Leitstelle, eine Zentrale.

Oberirdische Fabrik
in Gestalt eines durchgeformten
architektonischen Konzeptes:
Fabrikations- und Administrations-
stätten sind um Bauhöhe in die
Landschaft abgesenkt

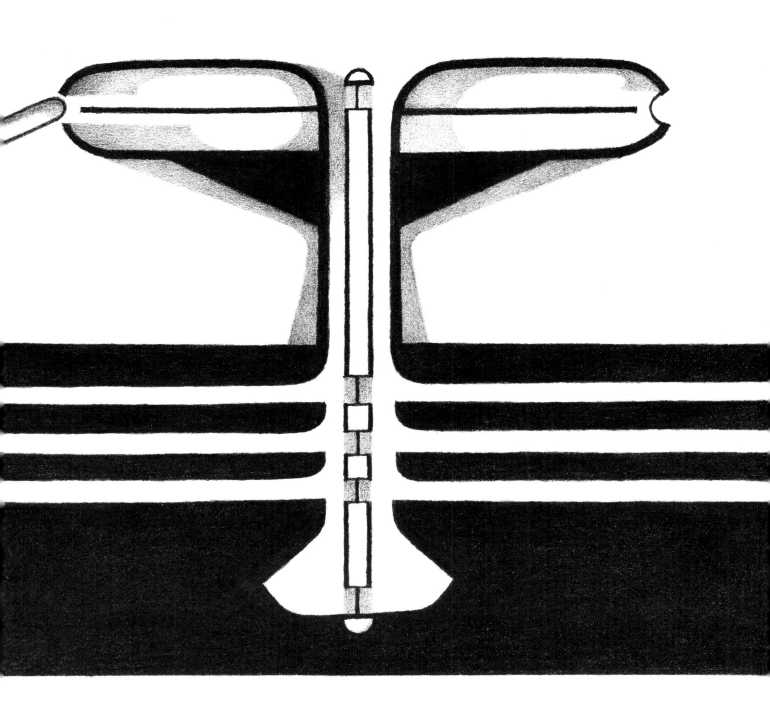

Fabrikationsstätte: links die oberirdische Administration, rechts unten die automatisierten Fabrikanlagen, durch einen Verkehrsschacht mit der Administration verbunden

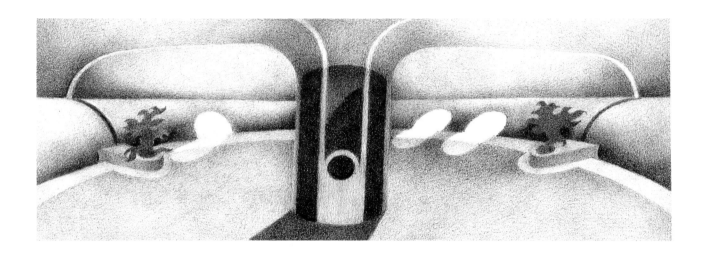

Einblick in den Rundraum der Administration

W. M. Anderwerd,

1924 in Zürich geboren, Thurgauer Bürger, Schulen in Zürich und Architekturstudium an der ETH Zürich. Zusatzausbildung in Gartenarchitektur. Einjähriger Studienaufenthalt in der Türkei.

Lancierte 1956 den als «Zürcher Seepark» bekannt gewordenen Fussgängerbereich am See. Entwickelte im Auftrag der Eidgenössischen Forschungskommission unkonventionelle Verkehrssysteme.

Erhielt 1976 vom Kanton Zürich eine kulturelle Auszeichnung für das Buch «Zürcher Inventar», ein Sammelwerk erhaltenswerter Bauten der Stadt Zürich.

Daneben ständige Betätigung auf nützlichen Randgebieten der Architektur: Konzeption eines Katastrophen-Nothauses, eines automatischen Händewaschers, eines Füllfederhalters für Blinden-Reliefschrift.

Die Herausgabe dieses Werkes
wurde unterstützt von:

Pro Helvetia
Migros Genossenschafts-Bund

© 1984 by Waser Verlag, Buchs-Zürich
ISBN 3 9080 8010 X
Gestaltung: Hans Rudolf Ziegler
Verlegerische Gesamtleitung: Ernst Bloch
Fotolithos: D. Straumann, Dielsdorf
Satz und Druck: Waser Druck, Buchs-Zürich
Einband: Buchbinderei Burkhardt, Zürich
Printed in Switzerland